BIOGRAPHIE

ANECDOTIQUE

DE

S. M. CHARLES X.

PAR UN PROSCRIT.

> Quandiu eris felix, multos numerabis amicos,
> Tempora si fuerint nebula, solus eris.
> (OVIDE.)
>
> Du bonheur l'étoile féconde
> T'amènera bien des amis.....
> Qu'elle s'éclipse, et tes lambris
> Verront s'éclipser bien du monde.

PRIX : 1 FR. 25 C.

PARIS.

A. PHILIPPE, ÉDITEUR, 28, RUE DE CLÉRY,
ET CHEZ TOUS LES LIBRAIRES.

—

1837.

BIOGRAPHIE

ANECDOTIQUE

DE

S. M. CHARLES X.

Par un PROSCRIT.

> Quandiu eris felix, multos numerabis amicos,
> Tempora si fuerint nebula, solus eris.
> (OVIDE.)
>
> Du bonheur l'étoile féconde
> T'amènera bien des amis.....
> Qu'elle s'éclipse, et tes lambris
> Verront s'éclipser bien du monde.

PRIX : 1 FR. 25 C.

PARIS.

A. PHILIPPE, ÉDITEUR, 28, RUE DE CLÉRY,

ET CHEZ TOUS LES LIBRAIRES.

1837.

IMPRIMERIE DE Mme DE LACOMBE,
Rue du faubourg Poissonnière, 1.

BIOGRAPHIE
ANECDOTIQUE
DE
S. M. CHARLES X.

Quand le vieillard le plus ignoré vient de descendre dans la tombe, la douleur éplorée répand toujours quelques fleurs sur la cendre du défunt, et la religion, ainsi que les hommes, applaudissent à cette affection pieuse; qu'il nous soit donc permis de rendre un éclatant hommage de gratitude et d'amour à un Roi, à un Roi qui mourut entouré de toutes les gloires d'une adversité supportée avec une résignation héroïque. La France, la France populaire surtout, doit connaître enfin les vertus d'un prince qu'on a tant calomnié. Puissent nos efforts être agréables à l'ombre du monarque vénérable que nous pleurons.

Charles-Philippe de France, Comte d'Artois, plus

tard Charles X, naquit à Versailles le 9 octobre 1757. Il était le troisième fils de Monseigneur, Dauphin de France, fils de Louis XV et de Marie Leczinska.

Sa première éducation fut confiée aux mêmes précepteurs qui avaient élevé Louis XVI et le Comte de Provence ; mais il était né avec des dispositions qui devaient toujours le distinguer de ses deux frères. Au lieu de cette espèce d'humeur chagrine qui caractérisait l'infortuné Louis XVI; au lieu de ces formes hautaines qu'affectait le Comte de Provence, le Comte d'Artois se fit remarquer par une vivacité d'esprit qui lui assurait partout, dans le monde, une incontestable supériorité sur ses aînés. Jamais Prince ne fut plus élégant dans ses manières ; jamais Prince n'eut plus de grâce dans le maintien, plus d'élégance dans ses paroles, plus de véritable sensibilité ; jamais homme ne fut plus Français de cœur et d'esprit. Le Comte d'Artois faisait les délices de la cour de Louis XV, et le vieux monarque regretta plus d'une fois de ne pouvoir *retourner l'omelette*, c'est-à-dire substituer le Comte d'Artois au Duc de Berry, qui s'appela plus tard Louis XVI, pour la succession au trône.

On parla beaucoup, dans le temps, d'un jeune page qui aurait voulu se tuer pour avoir été frappé par le Prince ; voici le fait :

Un page avait à attacher une boucle sur la chaussure du Comte d'Artois; mais, soit timidité, soit maladresse, le jeune homme restait trop long-temps à fixer cette boucle. Impatienté enfin de tant de retard, le Prince donne un coup de pied sur l'épaule du page et le renverse. Le jeune homme, alors, se croyant déshonoré, tirait son épée et allait se tuer; aussitôt le Comte d'Artois s'élance vers lui, et le serrant contre sa poitrine: *Pardonnez-moi, pardonnez-moi, jeune homme*, dit-il, *si mon emportement vous a ravi l'honneur, mes regrets et ma tendre amitié vous le restituent*.

Le page fondit en larmes.

De plus en plus généreux, de plus en plus confiant, Monseigneur le Comte d'Artois vivait comme s'il n'avait jamais dû se mêler des hautes questions de la politique. La nature l'avait doué de toutes les qualités les plus heureuses et les plus brillantes; dans une position même inférieure, il aurait été un homme recherché. Le Prince jouissait donc à plaisir de tous les charmes de cette cour, où venait se former toute la noblesse de l'Europe. Spirituel, aimable, grand seigneur par naturel, il obtenait tous les succès qu'il soit permis d'ambitionner.

Cependant un différend survient entre l'Espagne et l'Angleterre, relativement à la possession de Gibraltar ; Monseigneur le Comte d'Artois n'écoutant plus que son courage, obtient de son frère Louis XVI d'aller faire ses premières armes dans les rangs espagnols, et il se conduisit, dans cette circonstance, avec toute la bravoure qu'on avait lieu d'attendre d'un fils de la France, d'un fils des Bourbons.

Lorsque la grande commotion de 89 se fit sentir, le Comte d'Artois resta fidèle à ses croyances. Malgré la légèreté apparente de son caractère, il avait compris qu'on ne pouvait pas servir à-la-fois la révolution et la monarchie ; aussi, en toute circonstance, il soutint toujours avec force, énergie, persévérance, les prérogatives de la royauté. Une pareille conduite lui suscita des haines, des haines violentes ; il les affronta sans ostentation, mais sans faiblesse, et il ne quitta la cour pour aller à Turin que sur l'ordre formel de Louis XVI.

Mais le Comte d'Artois eut à fournir, dans son exil, de nouvelles preuves de sa fermeté. Les nouvelles de France devenaient de plus en plus alarmantes. Le Roi était menacé avec toute sa famille. C'est alors qu'il fallut se décider à armer pour arracher Louis XVI aux mains de ses bourreaux. Le Comte d'Artois se mit à la tête de quelques milliers de fidèles, et tous ces nobles vieillards qui ont survécu à leur général pourraient rendre témoignage encore de toutes les vertus qui le signalèrent à leur admiration. Aux yeux de ces hommes qui se disent libéraux, cette armée de Coblentz n'était qu'une armée criminelle; mais quand on s'élève au-dessus de ce misérable esprit de parti qui a envahi toutes les classes, quels étaient les meilleurs citoyens, de ceux qui donnaient la paix, le bonheur à la France, ou de ceux qui ne lui apportaient que la misère ou l'anarchie ?

Passons sous silence le voyage du Comte d'Artois en Russie, l'accueil qu'il y reçut de Catherine II, les sympathies qu'il excita par sa grâce, son amabilité et ce ton exquis qu'un fils du grand Roi, de Louis XIV, pouvait seul posséder à un si haut degré. Mais hâtons-nous, hâtons-nous de venger la mémoire de ce Prince d'une imposture aussi lâche qu'insoutenable.

On a osé dire que le Comte d'Artois avait craint de s'adjoindre à cette armée de fidèles qui allaient au secours des géans de la Vendée. Comment a-t-on pu avancer et soutenir une aussi atroce calomnie ? Le fait est que le Comte d'Artois voulait mourir au milieu de ses Vendéens, mais que l'Angleterre, toujours haineuse, toujours jalouse contre ce qui peut contribuer à nos gloires, empêcha le Prince d'aborder à la rive de France, et qu'on lui rendit *impossible* toute participation à cette déplorable affaire.

Pendant ces divers intervalles, le Comte d'Artois

avait eu à souffrir quelquefois le malheur et le dénûment; mais jamais ce Prince ne s'était trouvé dans une position plus cruelle que lorsqu'après les échecs de Suvarow, il alla à Londres avec la permission d'y séjourner quelques mois incognito. Plus de palais, plus de ressources, rien : le frère de Louis XVI en était réduit à ces terribles nécessités qui marquent la vie comme des époques de désespoir; que faire? Le Comte d'Artois apprend qu'une dame française émigrée, la comtesse du Quengo, avait formé à Londres un pensionnat qui était en plein succès. Il conçoit aussitôt quelques espérances : il se présente chez elle.

« Madame, dit-il; quoique je n'aie pas l'honneur d'être connu de vous, j'ai osé vous faire ma visite. Le souvenir de l'évêque de Léon, qui fut mon aumônier à Versailles, m'y a encouragé.

— Le Comte d'Artois! reprit la Comtesse avec une surprise mêlée de respect.

— Oui, madame, le malheureux Comte d'Artois vient vous demander l'hospitalité. »

Dans sa vive émotion la Comtesse de Quengo ne put retenir ses larmes. Elle sut trouver néanmoins dans la reconnaissance que sa famille devait au Prince toutes ces expressions consolantes qui calment l'infortune en faisant espérer.

Madame du Quengo pria le Prince de disposer de

tout ce qui pourrait lui être agréable. Il s'établit donc dans le pensionnat, et, en voyant la noble directrice aider les enfans des émigrés du superflu qu'apportaient chez elle les riches familles anglaises, il lui voua une estime et une affection qui ne se sont jamais démenties.

Le Comte d'Artois vit enfin quelques jours de joie succéder à tant de malheurs. Le mariage de la fille de Louis XVI avec Monseigneur le Duc d'Angoulême commença une époque nouvelle pour cette famille si puissante par ses destinées et si violemment agitée par les orages politiques. Les cours de l'Europe s'entendirent enfin, et 1814 fut le signal du retour dans la patrie.

A cette époque, Louis XVIII était incertain s'il prendrait le drapeau tricolore ou le drapeau blanc ; il inclinait néanmoins plus vers le premier que vers le second. Il s'en ouvrit à Monsieur.

« *Le drapeau blanc nous maintient : le drapeau tricolore nous chasse,* » répondit le Prince, avec une sorte de sévérité, sans s'écarter néanmoins du respect qu'il devait à son Roi.

En entrant à Vesoul, le 22 mars de cette dernière année, Monsieur se livra à la plus touchante émotion. *Enfin, la voilà donc, cette terre de France, s'écria-t-il ; je suis en France, je n'en sortirai plus.*

Mais de nouveaux revers l'attendaient : Bonaparte s'élança de l'île d'Elbe sur la France avec cette rapidité dont on le savait capable dans l'accomplissement de tout grand projet. La famille royale est encore forcée de fuir : elle se retire à Gand. C'est à cette époque qu'il faut rapporter un des plus beaux traits de la vie de Monsieur.

Les souverains du Nord pensant que le retour de Napoléon n'aurait pas eu lieu sous un Roi plus vigilant et plus alerte que Louis XVIII, jugèrent que le Comte d'Artois était plus propre que son frère à régner sur un pays où il fallait une si grande énergie d'actions et de volonté dans le gouvernement. Un courrier porta cette nouvelle à Madame qui était à Londres. « Je connais *mon beau-père*, dit-elle, *il n'acceptera pas.* » Et, en effet, Monsieur, en apprenant cette détermination des cours, n'eut rien de plus pressé que d'aller trouver Louis XVIII. « *L'ordre de la nature ne sera pas interverti*, dit-il en embrassant son frère ; *je serai, dans tous les temps, et le premier ami et le sujet de mon frère.* »

Un pareil désintéressement, une pareille loyauté, ne suffiraient-ils pas seuls pour honorer éternellement le caractère de Monsieur ?

Louis XVIII conserva donc sa couronne après les cent jours. Mais ce monarque avait commencé sa carrière politique avec une tendance feinte ou réelle vers toutes les innovations qui favorisaient le triomphe démocratique. A peine assis sur le trône, il crut devoir appliquer ses premières inspirations. Fidèle à ses opinions, Monsieur fit, en 1816 et dans les années suivantes, ce qu'il avait fait en 89 : il se déclara ouvertement contre cet esprit qui ne tendait qu'à renverser le trône, et il prouva une seconde fois combien il comprenait tout ce qui peut compromettre ou garantir l'autorité royale.

C'est cette fermeté qui motiva son exil au château de Saint-Cloud, la privation subite de quelques-unes de ses dignités, les paroles rudes et mortifiantes du Roi son frère envers lui, et tous les déboires successifs qu'il eut à essuyer.

Lorsque Louis XVIII désarma la Vendée avec tant de rigueurs, au lieu de traiter ce grand œuvre avec ménagement et précaution, Monsieur s'en émut vivement : *Croyez-vous donc l'édifice achevé*, dit-il à son frère, *pour brûler les échafaudages, et d'ailleurs renvoie-t-on jamais les ouvriers à coups de bâtons ?* Ses craintes étaient justes, mais le Roi était inébranlable ; il se croyait maître de l'avenir ; fatal aveuglement !!

Le Comte d'Artois voua dans tous les temps, un culte particulier à tous les braves qui, même sous un autre drapeau que celui de ses ancêtres, avaient contribue aux gloires militaires de la France, et il supportait avec peine l'idée du malheur ou seulement de la nécessité pour un ancien militaire.

Une demande de secours lui parvient un jour; elle lui était adressée par la veuve de M. Ch..., officier supérieur sous l'Empire, et par un motif quelconque, le secrétariat des commandemens du Prince avait désigné cette pétition comme *inadmissible*.

Le Comte d'Artois, qui avait eu déjà l'occasion de reconnaître l'injustice de plusieurs rapports de même nature, se rend *incognito* chez cette dame afin de s'assurer de sa position. Elle travaillait dans sa mansarde pour suffire aux besoins de trois enfans encore en bas âge, et la misère empreinte sur ses traits, indiquait assez au Prince qu'il avait été trompé. « *Je suis chargé par Monsieur lui-même*, dit-il en lui remettant 300 fr., *de vous apporter cette somme et en même temps de vous assurer sa protection.* »

Un mois après, le sort de cette veuve était fixé, et celui de ses trois enfans attestait la fidélité du Prince dans l'exécution de ses promesses.

En 1820, Monsieur éprouva une de ces douleurs qu'il serait impossible de supporter sans une piété vive, sans une foi profonde. Le duc de Berry, ce prince si chevaleresque et si vaillant, venait de tomber sous le poignard d'un assassin. « *Levez-vous, Monseigneur, levez-vous ;* criait-on d'une voix déchirante, *votre fils vient d'être assassiné !!...* » Quelle nuit !!... quel réveil !!... quelle épouvantable consternation pour un père !!...

La douleur du Comte d'Artois ne peut être exprimée ; il se précipita plusieurs fois sur le cadavre immobile de son malheureux fils. Son fils, ami des arts, des plaisirs et du monde ; son fils à l'œil pénétrant, à la main ferme ; son fils enfin, qui, après s'être aguerri dans les campemens et les traverses, pouvait un jour soutenir sa famille et sauver l'État. Long-temps les larmes de ce tendre père coulèrent sur la tombe qui venait de se fermer !...

Mais la Providence devait apporter un soulagement à une plaie si profonde. Ce Prince, si bon et si digne de son père, ce Prince si noble qui, sur son lit de mort, demandait *grâce pour l'homme* qui venait de le frapper, devait avoir un fils que le fer assassin n'avait pu atteindre dans le sein de sa mère.

Le Duc de Bordeaux vint au monde au mois de septembre, et la France entière partagea la joie si naturelle de Monsieur.

A la mort de Louis XVIII, le comte d'Artois monta sur le trône sous le nom de Charles X ; il ne tarda pas à prouver que s'il avait été hostile à cette fougue d'innovations qui avait emporté ses deux frères, il comprenait autant que qui que ce soit, ce qu'on devait à la raison des temps. Le premier acte de son règne fut *la liberté de la presse*, et il n'est personne aujourd'hui, qui ne se rappelle les transports d'enthousiasme qui suivirent une pareille concession ; malheureusement plus on a, plus on désire. Ainsi est faite cette humanité si vaniteuse de ses grandeurs ! L'esprit du libéralisme n'était pas encore content de cette liberté tant désirée, de cette liberté qui devait combler tous les vœux. De sourdes machinations s'organisèrent sur tous les points de la France ; infidèles à leur serment, à leurs devoirs, une grande majorité d'hommes de tous rangs entrèrent dans cette vaste conspiration, dont le dénouement devait être le renversement du trône. Certes, si Charles X eût été ennemi de son peuple comme quelques imbéciles ne cessaient de le répéter en 1830, c'est dans de pareilles circonstances qu'il aurait eu le droit d'être sévère envers tant d'ingrats ; mais non, il savait tout, et cependant il était calme, il était clément ; il espérait de jour en jour, que tant de secrètes fureurs auraient un terme. Vaines espérances ! Fausse sécurité !.... L'abîme se creusa de plus en plus..... Le trône devait s'engloutir dans l'abîme ! !..

On a beaucoup reproché à Charles X de s'être laissé dominer par l'esprit des prêtres ; mais, dans des crises pareilles à celles au milieu desquelles il vivait, sur qui pouvait-il appuyer son sceptre? Est-ce sur ce qu'on appelait les libéraux? mais les libéraux marchaient et ont toujours marché comme des aveugles, allant à droite, à gauche, en arrière, en avant, sans jamais se douter de ce qui leur manque. D'ailleurs, n'y avait-il pas haine à mort entre le trône et le libéralisme? Charles X appela les prêtres à son secours, par nécessité et aussi par conscience; avec leur secours, au moins il pouvait maintenir la religion, la morale, l'ordre; et y eut-il jamais sous la restauration un besoin plus urgent à satisfaire. Le monarque honora peut-être d'une trop grande confiance quelques hommes qui n'en étaient pas dignes; mais un roi peut-il tout voir?

Quelle âme toutefois que cette âme de Charles X!.. Comme il était Français! Comme il sentait la dignité de la France.

Avant la prise d'Alger, le pacha d'Egypte nous demandait quelques vaisseaux avec la permission d'y planter son drapeau pour mieux nous aider dans notre expédition. « *Le Roi de France ne laisse pas arborer sur ses vaisseaux, d'autre pavillon que le sien*, répondit Charles X. » Et après la conquête du rivage africain, que répond-il encore aux agens du cabinet britannique qui voulaient la lui contester? « *La France a pris*

Alger en ne consultant que sa dignité ; pour le conserver ou le rendre, je ne consulterai que ses intérêts.

Couvrez vous la face, calomniateurs, qui avez osé insulter au caractère de Charles X, tombez en confusion, ingrats, qui après avoir été rassasiés de faveurs royales, avez été assez lâches pour diriger dans l'ombre des pensées homicides contre celui qui vous les avait accordées. C'est vous, vous seuls, qui n'étiez pas Français ; car les enfans de la France ont une vieille réputation de loyauté que vous seuls n'avez jamais ni comprise, ni méritée.

Que si descendant des sommités de la politique, on veut juger le monarque infortuné dont tant de nobles cœurs sont en deuil, qu'on suive ses actes.

Quelques années avant 1830, Charles X se levant un matin, sentit que le froid était très rigoureux ; aussitôt il fit venir le Duc de B... « *Qu'on donne cent mille francs sur ma cassette à tous ceux qui manquent de bois,* dit-il ; et il continua sa toilette comme s'il était sous l'empire d'une pénible préoccupation.

En 1827, il visitait l'exposition des produits de l'industrie française. Un bras mécanique destiné à remplacer un bras amputé, frappa ses regards.

Sire, lui dit l'exposant (1), je fais hommage de

---

(1) M. Valerius, bandagiste, 7, rue du Coq-Saint-Honoré.

ce travail, *au premier officier supérieur qui perdra l'avant-bras au service de votre Majesté, mais je désire auparavant obtenir la permission d'éprouver ce mécanisme en présence du ministre de la guerre sur un militaire blessé.*

« *Votre art si utile pour l'humanité*, répond le Roi, *acquiert aujourd'hui un titre de plus à mon intérêt, et mon amitié pour tous les braves qui m'entourent, doit être pour vous une garantie que votre demande ne sera pas oubliée.* »

Le Roi partait le lendemain pour le camp de Saint-Omer; à son retour, il fit donner *lui-même* des ordres pour cette épreuve, dont le succès répondit dignement à la sollicitude du monarque pour le bien-être de ses officiers supérieurs, et aussi à l'intérêt qu'il portait à la prospérité des arts.

En 1830, Charles X allait se promener dans le parc de Saint-Cloud, en costume de ville, accompagné de M. le Comte de T... et de deux autres gentilshommes. A peine avaient-ils fait deux ou trois cents pas, qu'ils rencontrèrent trois jeunes filles bien parées, dont l'une fondait en larmes. Charles X s'approche aussitôt de celle-ci, et lui demande quelle pouvait être la cause qui faisait pleurer de si beaux yeux. Les jeunes filles s'expliquèrent, et lui apprirent que celle qui pleurait devait être marraine avec un jeune homme qui était sur le point de l'épouser, et que le jeune homme s'était enfui ce jour-là même, pour rompre avec elle.

Charles X sourit gracieusement à cette naïveté villageoise; il voulut être parrain, et lorsqu'enfin il fut forcé de rompre l'*incognito* qu'il avait conservé, il se chargea du bonheur de son filleul; on sait qu'il tint parole.

Le libéralisme, avec sa bonne foi ordinaire, a fait au Roi un grand crime du vote de l'*indemnité*. Voyons si ces attaques étaient justes.

L'*indemnité* pour les familles spoliées a été décrétée, il est vrai, mais en méritait-elle bien le nom?

Après trente-cinq ans d'une privation rigoureuse, elle n'accordait aux malheureux proscrits, *qu'une annuité* tout au plus de leurs revenus; ce n'était donc même pas une gratification, c'était un souvenir, c'était presque une aumône. Et dans cette *indemnité* objet de tant de récriminations, les somptueux mobiliers, les capitaux saisis, les fonds prodigieux prêtés noblement au Roi Louis XVI dans ses nombreux emprunts, les charges de cour acquises à si haut prix, celles opulentes de la magistrature et les hauts grades militaires y ont-ils eu quelque part? Non. Toutes ces *grandes propriétés* qui faisaient des fortunes, ont péri dans le gouffre. En revanche, l'*indemnité* retenait aux familles proscrites, les sommes *nominales* payées (en leur absence et sans débats) à leurs créanciers vrais ou faux.

Voilà cette *indemnité* tant reprochée à la famille royale, tandis que les héritiers de la Gironde, de Fouquier-Tinville, de Robespierre et de Carrier, étaient indemnisés *comme leurs victimes*.

Charles X avait donc bien raison de dire : « *C'est à tort que les libéraux crient contre cette loi, elle est presque toute en leur faveur, car elle assure la sécurité la plus parfaite aux acquéreurs de biens nationaux.* »

Toutes les industries honorables trouvèrent toujours un zélé protecteur dans Charles X. Personne n'ignore que c'est à ses *encouragemens et à ses faveurs que presque tous les grands industriels de notre époque doivent leurs succès et leur fortune*. Nous ne demandons pas ici d'encens pour la tombe du monarque, mais, si depuis long-temps ses titres à la reconnaissance publique ont été méconnus ou oubliés, qu'on lui paie enfin le tribut de regrets qui lui sont si justement acquis. C'est là un témoignage que lui doit la vérité. Plein de confiance dans ses intentions, le Roi continuait à régner dans l'espoir de rendre son peuple de plus en plus heureux. Déjà les conspirations secrètes, les résistances d'un grand nombre de membres de la Chambre des Députés avaient violemment agité les esprits. Pour ceux qui voyaient l'espace à découvert, l'horizon était chargé de nuages; Charles X était seul à ne rien voir, tant il avait foi dans ses nobles sympathies pour la France. Enfin, la révolution l'emporta, les barricades se dressèrent, le trône fut renversé.

C'est ici que commence la plus belle page de la vie de Charles X. Au milieu d'un monde qui s'écroule, seul il est calme; seul il semble commander encore au milieu même de sa défaite. Jusqu'alors, nous devons le dire, le Roi était indignement trompé; rien ne parvenait jusqu'à lui, toutes les issues étaient fermées aux vrais défenseurs de son trône. Lorsqu'il apprit enfin la vérité, aussitôt il nomma un nouveau ministère; il était trop tard ! L'hôtel-de-ville, tombé au pouvoir du peuple, dédaigna ces propositions. En vain, on abdiqua, en vain, on fit de nouvelles concessions... On n'y répondit que par les cris de vive la Liberté ! vive la République ! ! !

A Saint-Cloud, à Rambouillet même, le triomphe de Charles X était assuré, s'il avait voulu faire usage des forces militaires qui lui étaient restées fidèles; mais non, à une proposition de cette nature, que répond-il? *Plutôt l'exil que le massacre de mon peuple;* et il quitte la France. On a entendu pourtant de prétendus publicistes crier de toute leur voix, que Charles X *avait fait tirer sur le peuple.* Insensés ! ! Cette profonde paix qu'on a remarquée dans le vieux monarque, était-elle et pouvait-elle être l'indice d'une âme coupable?

Mieux que nous, la postérité décidera cette question.

Les yeux baignés de larmes, Charles X a déjà quitté le rivage et mis le pied sur le vaisseau qui doit le séparer de la France, qu'il forme encore des vœux pour *son bonheur, sa gloire et sa prospérité*. — C'est en Angleterre qu'il va chercher encore une fois l'hospitalité.

Le voilà donc une troisième fois exilé, ce noble enfant de la France. Ici le cœur du Roi dut être brisé de douleur; mais une résignation toute chrétienne prouva, dans ces affreux momens, tout ce que l'âme du juste et de l'homme innocent peut trouver de force dans la religion.

Dans les longues promenades que Charles X aimait tant à faire seul pendant son séjour en Ecosse, la rencontre d'un Français sur cette terre de proscription lui inspira toujours la plus vive émotion, le plus puissant intérêt. Qui n'aimerait à se rappeler ces paroles si pleines de bonté et de noblesse échappées au vieux monarque, lorsque le hasard poussa sur son passage, à quelques lieues d'Holyrood, un décoré de juillet malheureux.

« *Celui dont vous venez d'implorer la pitié, jeune homme, est le Roi dont vous avez brisé la couronne; vous êtes de-*

vant Charles X qui oublie vos erreurs, pour ne s'occuper que du bonheur et de l'avenir d'un Français. » Terrible leçon de la Providence !!! Le jeune homme tomba confondu aux pieds du monarque.

Dans l'exil comme sur le trône, le pauvre fut toujours l'objet des affections particulières du vieux Roi ; combien de fois ne l'a-t-on pas vu accompagné de son petit-fils, dont il forma si noblement le cœur, franchir le seuil de la plus modeste chaumière, pour y porter quelques secours, quelques consolations.

Toute la France et toute l'Europe savent quels sentimens de vénération inspira Charles X à tous les habitans des pays qu'il habita : il fut, pour ainsi dire, plus Roi loin du trône que sur le trône. Étudions néanmoins quelques instans la fin de cette vie si tristement agitée : l'homme n'est jamais mieux jugé que par les paroles qui président à son agonie.

Des raisons de haute convenance avaient décidé Charles X à quitter le château de Prague que lui avait offert l'empereur d'Autriche, et une autre raison détermina cette résolution : ce fut le désir d'habiter un pays plus chaud dans l'intérêt de la santé de quelques vieux serviteurs. Nul ne pourrait jamais exprimer tous les regrets que ce départ occasionna. L'archevêque, le comte de Mémisdorf, commandant militaire de la Bohême, une foule d'autres personnages de distinction, toute la population enfin, n'eurent qu'une opinion unanime sur la famille royale de France : son départ fut une véritable douleur publique.

Proscrit, errant, le patriarche de la royauté européenne a quitté Prague. Où va-t-il? où va-t-il? nul ne le sait. Seulement on a parlé de Goritz : on espère y arriver. Quel spectacle ! un Roi, un Roi de France, d'anciens Ministres, des Princes, des Princesses, mêlés et confondus, se demandant sous un ciel étranger où ils pourront reposer la tête ! Et, au milieu de toutes ces douleurs, de tant d'angoisses secrètes, Charles X, consterné lui-même au fond de son âme, s'élève encore assez au-dessus de sa force pour lancer de ces mots heureux, de ces paroles exquises de politesse et de bonté, au milieu de ceux qui l'entourent. Certes, s'il est glorieux de hanter les cours, d'y trouver des gens qui s'honorent de se dire vos amis, quelle gloire pour ceux-là qui savent se dévouer à l'infortune !...

On arriva d'abord à Tœplitz, c'est là qu'on apprit la maladie de Madame la Dauphine qui s'était rendue à Carlsbad. Heureusement les nouvelles sur cette illustre Princesse furent bientôt rassurantes, et Charles X put goûter le bonheur de voir un grand nombre de Français qui étaient venus de France pour lui renouveler l'assurance de leur fidélité.

Mais on dirait que cette famille était destinée à sentir toutes les amertumes de l'existence : la duchesse d'Angoulême guérie ; le jeune Prince, le Duc de Bordeaux tombe malade à Budweis.

Aussitôt, l'on se hâte d'envoyer des estafettes à la Dauphine et à Mademoiselle. Ces deux Princesses, éperdues, accourent auprès du vieux monarque, et quelques jours après, on eut la consolation de saluer la convalescence du jeune Henri.

Toutefois le séjour de Budweis devenait pénible : il fallait se résigner à une foule de privations que la vieillesse, et surtout la vieillesse d'un Roi, devait difficilement accepter. M. le Duc de Blacas comprit une pareille situation, et il mit toute son activité à la faire cesser le plus promptement possible. Il acheta le château de Kichberg ; toute la famille Royale y fut bientôt établie, et c'est là que se passèrent encore quelques jours, si ce n'est de bonheur, du moins de contentement pour des nobles exilés.

Plusieurs personnages, en effet, étaient arrivés à Kichberg : parmi ceux-ci était le baron d'Haussez, M. Vaufreland, ancien secrétaire-général du ministère de la Justice, et M. Berryer ; Charles X eut surtout de longues conversations avec ce dernier ; il aimait à lui parler de la France, de ses intérêts, de son avenir. Rien ne pouvait égaler la satisfaction du vieux monarque, et son caractère ne se démentit pas un seul instant dans ses sympathies pour le pays qu'il avait gouverné.

A cette époque, le choléra exerçait d'affreux ravages dans la région où est Goritz ; mais le séjour de Kirchberg, s'il était agréable pour la famille royale elle-même, devenait très incommode pour ses serviteurs aux approches de l'hiver. Ne pouvant souffrir que les compagnons de son infortune eussent à se plaindre, le monarque décida le départ pour Goritz.

Pendant le voyage, l'archiduc Maximilien vint respectueusement offrir ses hommages à Charles X : c'est à Lintz qu'on célébra le 79e anniversaire du Roi de France. Triste époque, où Charles X pressentait déjà sa fin.

Arrivés à Goritz, les voyageurs se crurent définitivement établis. Le vieux Roi retrouva dans cette ville une activité que les angoisses de la route et de déchirantes méditations avaient paru affaiblir. Seul, il aimait à s'égarer dans les environs. Pauvre vieillard !... monarque infortuné !... que le dénoûment de ton drame dut exciter en toi de poignantes émotions.

Vers ce temps, on apprit à Goritz la délivrance des prisonniers de Ham. Cette nouvelle fit une impression profonde sur le Prince. « *Justice est donc enfin rendue, s'écria-t-il, je puis mourir maintenant.* » Pen—

dant quelque temps, les souvenirs de son règne se retracèrent à sa pensée avec plus de vivacité qu'auparavant. Il aimait à parler de ses anciens ministres, rendre justice à leur caractère, à leurs intentions, à leur loyauté : puis, il répétait, il répétait sans cesse : « *Qu'il m'est triste de penser que je ne reverrai plus la France.* »

La température changea, le froid devint piquant et difficile à supporter ; presque tous les serviteurs du Roi furent malades. Le Roi sembla seul à l'abri de toute atteinte.

Cependant depuis quelques jours, il était plus préoccupé qu'il ne l'avait jamais été de sa patrie ; il paraissait inquiet, tourmenté du désir de la revoir.

Le 5 novembre, il reçut le Marquis de Clermont-Tonnerre, et lui demanda des nouvelles de Messieurs Villèle et Corbière, et d'une foule d'autres personnages dont le souvenir lui était cher.

Le 4, jour de la saint Charles, le Roi se sentit incommodé ; il reçut néanmoins les hommages de tous les Français du pays, mais après plusieurs audiences accordées aux habitans de Goritz, il parut être plus malade qu'il ne l'avait été jusque-là : ses traits s'altérèrent, sa voix éteinte avait quelque chose de guttural qui effraya. Dans la nuit, le mal empira ; on conféra les sacremens au monarque.

. . . .

Le 6 novembre, les sanglots de Madame la Dauphine, de cette illustre et vertueuse Princesse, qui semble avoir voulu conserver pour elle-même le monopole des grandes infortunes et des grandes douleurs, comme pour attester au monde tout ce que pouvait la vieille race des Bourbons; les sanglots de Madame la Dauphine, dis-je, annoncèrent que Charles X n'était plus!!....

. . . .

Qui pourrait rendre tout ce qu'il y a de douloureux et d'imposant dans cette lamentable scène de Goritz. Ce n'était plus ici des regrets, des regrets de courtisans, mais tout ce qu'il y eut de plus vif, de plus profond, de plus sincère, dans le cœur d'hommes fidèles et dévoués. Et quel lugubre sujet de méditations, que la mort d'un monarque octogénaire, d'un petit-fils de saint Louis, se sentant défaillir comme son illustre aïeul, sur la terre étrangère. Triste époque que la nôtre!!

Si Charles X était mort dans les pompes de la gloire, il aurait trouvé assez de voix éloquentes pour parler de ses vertus et de ses grandeurs morales. Eh bien! nous, que le sort jeta sur la route de ce prince aux jours de ses splendeurs, nous avons voulu lui rester fidèle; nous avons voulu prouver qu'au milieu de tant d'ingrats qui se disputèrent ses bienfaits, il y eut aussi des âmes généreuses qui surent les comprendre.

Qu'on nous laisse donc déposer quelques couronnes d'immortelles sur la tombe du vieillard; qu'on nous y laisse pleurer dans toute l'amertume de nos regrets et de nos souvenirs; assez d'autres couvriront de boue les cendres du monarque. Qu'on nous laisse, à nous, glorifier son nom.

Et vous, brillantes générations qui sentez couler dans vos veines le sang de tous ces héros qui furent la gloire de la France, vous qui portez l'écusson de ceux qu'honorèrent les amitiés de nos Rois, de ces races valeureuses qui furent l'orgueil du moyen âge, venez, venez partager nos douleurs. L'ombre de saint Louis tressaillera de joie devant de pareilles fidélités.

Et vous aussi, vieillards et jeunes hommes, qui entourâtes de vos sollicitudes le roi défunt parmi les rigueurs de l'exil; révélez-nous tout ce qu'il y eut de noble bienveillance, de nobles vertus dans le cœur de Charles X. C'est à vous plus qu'à d'autres, qu'il appartient de nous découvrir tant de belles inspirations. Donnez, donnez tous des documens à l'histoire; et puisque le corps du Roi de France gît enseveli dans un souterrain monastique, élevons lui sur la terre de la patrie un monument digne de sa mémoire.

Le Cercueil du Roi Jean.

ÉLÉGIE HISTORIQUE.

Alors que le roi Jean, modèle de franchise
   Et de noble candeur,
Supportait, sans se plaindre, aux bords de la Tamise,
   L'excès de son malheur ;

Ses fidèles sujets, consternés de sa peine,
   Unirent leurs efforts,
Dans l'espoir d'échanger sa déplorable chaîne
   Contre tous leurs trésors.

La mort n'accorda point ce succès légitime
   A nos tristes aïeux . . . .
Elle ouvrit tout-à-coup les portes de l'abîme
   Qu'elle cache à nos yeux.

La France retentit, au milieu des ténèbres,
Des accens du beffroi :
Signal universel des cantiques funèbres
Pour le trépas d'un roi.

Albyon étonnée eut le grand art de feindre
Des sentimens pieux :
Elle rendit celui que n'avait plus à craindre
Son Prince ambitieux.

Le roi JEAN, qu'entourait sa Garde gémissante
Et son fils tout en pleurs,
A travers les rescifs et la mer mugissante,
S'éloigna des vainqueurs.

La mort venait briser l'odieux esclavage
Qu'elle-même avait fait ;
Et lui restituer son antique héritage,
Où l'Etranger régnait.

La barque aux fleurs de lys, dans un morne silence,
Apparut sur les flots ;
Et le Clergé reçut un Monarque de France
Des mains des matelots !!

A l'aspect du cercueil, où ces restes fragiles
Obtenaient un abri,
Les enfans des hameaux et les peuples des villes
Jetèrent un long cri.

Ceux qu'avaient enchantés son abord agréable
   Et son accueil charmant,
Ceux qu'avaient soutenus sa pitié secourable
   Et son discernement :

Ceux dont il pardonna l'irrévérence altière
   Et les grandes erreurs,
Vinrent se prosterner, le front dans la poussière,
   Et fondirent en pleurs.

Ceux qu'il combla de biens, ou d'honneurs, ou de grâces,
   Par générosité ;
Ceux dont il fit cesser les trop longues disgrâces,
   Par faveur ou bonté :

Ceux dont il fut l'ami, l'ami sans inconstance,
   Le tendre ami de cœur ;
Ceux dont il estima les talens, l'éloquence,
   Ou l'illustre valeur :

Tous ces Français, saisis d'une douleur amère,
   D'un regret solennel,
Redemandaient à Dieu, leur bienfaiteur, leur père,
   Et leur Chef immortel.

On oublia dès-lors, les fautes mémorables
   De sa témérité,
Pour ne plus rappeler que ses vertus aimables
   A la postérité.

La capitale en pleurs sortit de ses murailles
  Et grossit son convoi :
Le riche s'épuisa, le pauvre eut des entrailles
  Pour honorer son roi.

Charles, dont l'univers respectait la sagesse,
  Abandonna Paris,
Et mouilla le cercueil des pleurs de sa tendresse,
  Jusques dans Saint-Denis.

Les hymnes du Trépas aussitôt proclamèrent
  Les décrets éternels :
Les pompes de la mort dirent et répétèrent :
  Oui, les rois sont mortels.

L'Exilé, descendu sous les sombres portiques,
  Rejoignit ses aïeux :
Ses aïeux, toujours grands, redoutés, magnifiques :
  Et toujours malheureux.

EN VENTE :

MÉMOIRES SECRETS ET UNIVERSELS DE LA REINE DE FRANCE, 2 vol. in-8°.—Prix : 15 fr.

ESPÉRANCE, 2e édition. 1 vol. in-8°.—Prix : 5 fr.

HISTOIRE DU PROTESTANTISME, 4 vol. in-8°—Prix : 7 fr. 50 le volume.

IMITATION DE JÉSUS-CHRIST, en vers français. 1 vol in-8°. —Prix : 7 fr. 50.

IMPRIMERIE DE MADAME DE LACOMBE,
Rue du Faubourg Poissonnière, 1.

www.ingramcontent.com/pod-product-compliance
Lightning Source LLC
Chambersburg PA
CBHW060727050426
42451CB00010B/1670